Para
o
amor ———

———————— que
vai
chegar

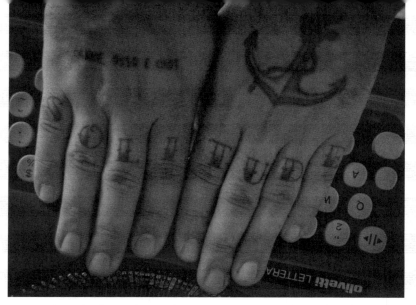

Do autor:
Estranherismo
Notas sobre ela

Para o amor ————

_1ª edição

Bertrand Brasil
Rio de Janeiro — 2019

ZACK MAGIEZI

que vai chegar

Copyright © Zack Magiezi 2019

Projeto gráfico: Angelo Bottino

Fotografias: © Mihaela Muntean / Getty Images (capa), Zack Magiezi (contracapa e p.3), Sabel Blanco (p.8), Renato Canepa (p.40), Matheus Bertelli (p.69) e Lascot Studio (p.86)

Texto revisado segundo o novo
Acordo Ortográfico da Língua Portuguesa

2019
Impresso no Brasil
Printed in Brazil

CIP-BRASIL. CATALOGAÇÃO NA PUBLICAÇÃO
SINDICATO NACIONAL DOS EDITORES DE LIVROS, RJ

M174p

Magiezi, Zack
  Para o amor que vai chegar / Zack Magiezi. –
1. ed. – Rio de Janeiro : Bertrand Brasil, 2019.

  ISBN 978-85-286-2422-9

  1. Poesia brasileira. I. Título.

19-57556   CDD: 869.1
                        CDU: 82-1(81)

Vanessa Mafra Xavier Salgado – Bibliotecária – CRB-7/6644

Todos os direitos reservados.
Não é permitida a reprodução total ou parcial desta obra,
por quaisquer meios, sem a prévia autorização por escrito da Editora.

Direitos exclusivos de publicação adquiridos pela:
EDITORA BERTRAND BRASIL LTDA.
Rua Argentina, 171 – 3º andar – São Cristóvão
20921-380 – Rio de Janeiro – RJ
Tel.: (0xx21) 2585-2000 – Fax: (0xx21) 2585-2084

Atendimento e venda direta ao leitor:
sac@record.com.br

Introdução do autor

Existe uma espera. Uma espera que nos faz sorrir e uma espera que desespera. O avançar dos ponteiros, a areia na ampulheta, as folhas viradas no calendário da cozinha, a ausência de alguém que ainda não chegou, mas chegou, já está aqui, no espaço vazio da cama de casal, nas gavetas que deixamos desocupadas, alguém que está nos nossos sonhos e na nossa insônia, naquele sorriso que a gente dá por nada, apenas pela possibilidade de dividir. E choramos pelo mesmo motivo.

Quem é

—————— vooê
?

Onde você mora?
Em uma casa?
Um prédio?
Uma janela?
Ficaria mais fácil se eu soubesse o seu endereço.
Andaria por uma rua específica.
Te encontraria na padaria
Ou no mercado.
Minhas pernas agradeceriam
Elas estão cansadas de andar pela cidade inteira.
E pelas noites maldormidas.

Acho que te vi, foi rápido, te vi no metrô,
  você desceu na estação em que entrei,
  foram três segundos muito eternos,
eu tentei te falar sobre o quanto minha vida
  é estranha sem você, tentei dizer coisas com meus
  olhos míopes, espero que você tenha entendido.

Espero que um dia você se sente ao meu lado no metrô.
  Nesse dia iremos até a estação final de tudo.

Tenho muitas perguntas para você.
Acredita em signos?
Acredita em Deus?
Acredita na música do John Mayer?
Acredita na possibilidade de sermos para sempre?
Acredita que quando alguém recebe um coração
que foi doado, também recebe todas as histórias
de amor do dono original?
Acredita que podemos superar tudo desde que
nossas mãos continuem grudadas?
Acredita que ler filosofia pode deixar alguém pessimista?
Acredita que há flores que nasceram por vontade própria?
Acredita em pessoas que escrevem cartas de amor
para alguém sem endereço?
Acredita que eu tentarei te fazer sorrir?
Acredite.

Meu amor
Saiba que por enquanto
Você é dona de todos os rostos

O amor é mesmo uma coisa louca,
como é possível eu te amar,
sendo que nunca te vi,
nunca andei de metrô com você,
não sei se você gosta de meias listradas
ou se assiste a jogos de futebol.

Como eu posso te amar
sem ver o rosto da sua voz,
sem sentir a textura da sua blusa de lã favorita,
sem saber se você prefere conversar com as plantas
   ou com os peixes do aquário?

Acho que o amor é algo que a gente cultiva na gente
   e espera alguém para presentear. E torce para a pessoa
   saber cuidar direito.

É estranho escrever para um amor que virá,
  será que devo me apresentar?

Também é estranho ter que me apresentar.

Sempre achei que quando amamos alguém
  temos a sensação de uma intimidade enorme.

Mas isso é utopia romântica.

Bom, vou deixar aqui uma pequena apresentação:

Oi, adoro comprar livros mesmo sabendo
  que é muito provável que não vá ler todos eles.

Talvez essa seja a minha forma de amar a vida,
  achando que vou ficar por aqui por um bom tempo.

Tenho longas cicatrizes
Como caminhos em uma cidade
Algumas foram feitas
Outras eu mesmo fiz
Mas todas estão aqui
Você é a única que pode passear por elas

Fico imaginando sua voz
Chamando as coisas
Cantarolando
Lendo um trecho de um livro qualquer
Embalando meu nome
Dando significado para o Amor

Penso nas conversas que teremos no carro
Quando a gente pegar a estrada para um lugar qualquer
As paisagens passeando por nós
O prazer de estar no mesmo momento dentro do Tempo
  e quando cansarmos
A gente coloca alguma playlist para continuar o assunto
A estrada embaixo da gente e o horizonte como um sorriso.

Meu amor, é possível sentir saudade
Dos momentos que inventei ao seu lado
Dos beijos que dei no seu rosto inexistente
Do toque no vazio da sua mão
Da pele do seu corpo distante
Talvez não seja saudade
Seja só ausência

Esperar um amor
É fazer uma aposta
Com a insanidade

Eu provavelmente farei tudo errado
Em algum momento
Haverá choro
Palavras afiadas
Talvez precisemos colocar alguma distância
E se quando a gente estiver longe um do outro
A nossa visão ficar mais nítida
E se nesse instante
as lembranças boas colocarem um sorriso no nosso rosto
É hora de voltar
Voltarei
Mesmo sabendo que você possa não voltar

Um dia
Eu achei que tinha te encontrado
Mas eu estava indo embora da cidade
Se você pedisse
Eu ficaria
E traria o mar até aqui

Sobre mim
Parta o meu coração
É um lugar que eu conheço

Acho que nosso amor
Tem que ter medo de cair na rotina
E andar atento

Você pensa em ter filhos?
Um tempo atrás eu queria ter uma filha.
Olívia.
Ela seria temperamental e não gostaria
de pentear os cabelos.
Mas não sei.
Me sinto velho para isso.
O que envelhece é a espera.
O movimento rejuvenesce.

Quais são seus hábitos?
Tipo aquilo que você ama fazer, pequenos rituais,
pão com margarina dentro da caneca de café?
Banho de chuva? Escrever quando não consegue
falar das suas dores? Deixar a franja no rosto
para esconder a direção do seu olhar?
Quero colecionar seus detalhes.

E se eu tiver perdido você?
E se na minha ânsia de esperar por um amor, eu o perdi?
O tempo levou e eu percebi tardiamente.
Amarei com as costas voltadas para o futuro.

Já que estou me apresentando saiba que eu não gosto
muito das sextas, é imaturo, eu sei, mas o fato
é que me sinto anormal nesses dias, em que todos estão
animados, comemorando a mesmice, e eu estou aqui,
olhando as páginas dos livros, vendo o tempo passar
e contando as janelas que permanecem acesas.

Pode ser bobo, mas gosto de pensar que você pode estar
em uma dessas janelas que permanecem acesas.

Por que esperamos por um amor?
Ainda não consegui responder, por isso estou pronto.

Do que você tem medo?
Das feridas que já estão fechadas?
De todas as vezes que você se entregou
  e não sobrou nada e foi preciso renascer?

Medo
Amar mete medo, não é?
Mas sei que você não consegue controlar.
Como as batidas do seu coração, que são involuntárias.

Engraçado como amar é estar vivo, não é?

Você já se apaixonou pela maldita impossibilidade?
A simples ideia de que aquilo possa se realizar
  por um simples instante te causa delírios.
Eu sou esse tipo de pessoa.

Eu me pergunto se grande parte dessa ideia de esperar
por alguém não é algo que me foi empurrado goela abaixo,
pelos poetas, escritores que li e filmes a que assisti.

Às vezes sinto vergonha de mim quando olho
para essas esperanças de adolescente que carrego
nesse peito que já passou das três décadas.

Você continua esperando
E constata que está cada vez mais sozinho

Eu não deveria estar escrevendo um livro sobre esperar por um amor. Eu ando triste pra caramba, e por isso vou continuar escrevendo este livro.

Tenho que confessar que às vezes sinto raiva
de você, da sua demora, do seu pouco caso,
tenho raiva sim, porque talvez você esteja
sofrendo por alguém bem babaca.

Enquanto sofro por você, que nem conheço.

Eu sou outro babaca.

Coisas que preciso te contar antes do início.

Nº 1:

Eu desisto das coisas muito rápido, mas essa espera
foi a coisa mais duradoura em que estive envolvido.

Eu sempre achei bonita a ideia de envelhecer com alguém.
Não que envelhecer sozinho seja triste, mas a ideia
de passar pelo Tempo com alguém me encanta, ainda hoje.
Pois parece que o Tempo fica parado enquanto a gente avança.
Despistar o Tempo,
talvez o amor seja algo do tipo.

Pergunta para o Universo:

Por que as pessoas mais aptas para amar alguém
estão sempre sozinhas amando uma ausência?

O Universo responde:

Não sei, eu só jogo os dados.

A
arte
se
alimenta ——————

—————— da
falta

.

A espera é um pouco angustiante.
O que a gente faz enquanto espera?
Sangra.
Seria melhor fazer palavras cruzadas.

Em algum momento você já achou que poderia amar
qualquer pessoa, sei lá, o coração tão transbordante
que faz com que você tenha certeza de que conseguiria
fazer qualquer pessoa feliz? Pois é, isso piora
as coisas e também não é verdade, mas é bom sentir isso
às vezes; mostra que você continua humano e vulnerável.

Tenho medo de que você esteja no ontem.

Porque a memória é uma janela impossível de ser aberta.

Espero não ter causado uma má impressão, eu sou bem divertido, gosto de rir dos calçados das pessoas.

Quem espera às vezes tem que lidar com a dúvida.
Será que não sou bom o suficiente? Será que uns olhos
não irão pousar nos meus? Será que sou uma opção
na cabeça de alguém? Será que alguém ficaria por aqui?
Por que eu nunca fui surpreendido por um "eu te amo"
aleatório no meio de uma noite de pizza?

Ainda consigo ignorar essas perguntas.

Não sei por quanto tempo, sinto que elas são perigosas.

Eu queria fugir, mas gosto de confrontar meu desajuste,
  arrancar as cascas que estão cicatrizando
  minhas feridas e ver se ainda há sangue.
Quando me perguntam "o que te fez escritor?".
A resposta é: a curiosidade vermelha pelo lado de dentro.

Por toda a minha vida a amizade veio antes
da paixão, é como se eu precisasse conhecer alguém
profundamente primeiro para poder ceder à febre
que é a paixão, culpa do mar que sempre me deixou
brincar seguro no raso antes de me afogar.

Este livro comprova que estou um pouco louco,
estou falando por horas com alguém que está em uma
dessas janelas acesas na madrugada de São Paulo.

Coisas que preciso te contar antes do início.

Nº2:

Já tentei fumar só para parecer descolado,
  mas só arrumei uma tosse contínua por cinco minutos.
  Acontece a mesma coisa quando digo para todos que
  quero ficar sozinho para o resto da vida.

Amar é dividir o sabonete?
Espero que não.

A espera
é deixar a loucura
entrar na ponta dos pés.

Sonhe.

Ainda vale a pena sonhar sonhos possíveis,
  como aquele homem que toda semana leva um bilhete
  com números marcados para a loteria do bairro.

Sonhe, meu amor.

Mas também lembre-se de ir à lotérica.

Você acorda às 3h47 da madrugada, o sono fugiu
quando você se distraiu, você se senta na beirada
da cama e olha no rosto da cidade pela primeira
vez depois de muito tempo, as festas, os "amigos"
e as conversas que ficam na superfície, a busca
sem sentido por uma vida equilibrada que está estampada
nas capas das revistas. Os únicos olhos que te enxergam
realmente são os olhos da cidade às 3h47 da manhã.
Você percebe que passou tempo demais longe de si mesma,
você quer ser amada por olhos que te enxergam.

Existem luzes acesas nos prédios, talvez ainda existam
olhos nelas.

Você sabe quantas vezes meu coração foi partido?
Partido por alguém.

Partido por mim.

Você não imagina a força que eu tenho que fazer
todas as manhãs.

Para manter essa porta aberta.

Sempre te imagino roncando para que você se torne mais real.

Meu amor
Nosso amor
Eu deveria te chamar de nosso amor
Vamos correr por um campo de flores e tentar fazer
 parte da primavera?
Esquecer tudo
E fazer uma nova memória com perfume de flor
Talvez isso cure o nosso peito
Talvez nossos pés curem o nosso coração
Dessa forma podemos ter um pouco de felicidade
 dente-de-leão

16 de fevereiro de 1983

Amanhã é meu aniversário
Mais um ano sem você
Espero que tenha uma boa desculpa

Coisas que preciso te contar antes do início.

Nº 3:

Eu debocho dos calçados das pessoas.
Não falo em relação às marcas etc. Falo sobre
os formatos e coisas do tipo, alguns calçados
são antipáticos e merecem o meu deboche.

Será que você é parecida comigo?
Revisita os álbuns de fotografia que estão na memória?

Eu sou muito saudosista, o passado fica bonito
no presente, sempre caminhei pelos amores impossíveis,
sempre me agarrei às pequenas esperanças, uma vez
Ana me mandou uma música e disse que era a música
que ela mais ama, eu continuo escutando essa música
uma vez por semana, mantendo os bons momentos acesos
como os faróis que um dia me levarão para casa.

P.S.: Me conte uma lembrança de amor.

O pior tipo de amor é aquele em que
   nos apaixonamos por uma ideia.
Talvez eu esteja apaixonado pela ideia
   de me apaixonar perdidamente.
Me encontro aí.
Quando chego ao fim.
É o início.
Como um relógio.
Que envelhece junto comigo.

Regar as plantas.
Endireitar os quadros que estão tortos
  na parede do tempo.
Tirar a poeira do meu rosto.
Tenho que continuar fazendo as mesmas coisas,
  apesar da imobilidade da espera.
Estou parecido com os móveis do meu pequeno quarto.
Eles não cumprem a sua utilidade.
As roupas estão na poltrona de leitura.
Os livros pelo chão.
Nasceram plantas inexplicáveis na máquina de escrever.
Eu continuo nesse quarto dentro de mim.
Imaginando uma vida com alguém que não tem
  nenhum rosto para oferecer.
Será que devo perder meu rosto para a gente se encontrar?

Ando perto demais da solidão das coisas.
Ando em um estado de silêncio anterior
  às palavras e perto dos pássaros sem asas.
Vejo os carros pelas ruas da cidade carregando rostos,
  eu conheço todos os rostos da cidade e nenhum é o seu.
Seu rosto ausente tomou conta de todos os rostos,
  não consigo mais escapar de você.
Mesmo sem te ver.
Mesmo sem saber nada sobre seus cabelos curtos.
Eu não deveria te entregar toda a minha esperança,
  mas está feito.
Estou falido.

P.S.: Não demore.

Não se preocupe.
Vamos fugir para o bar da esquina.
Tomar uma cerveja e falar da vida.
Fugir da nossa casa, da rotina, do relógio,
  da ideia de que conhecemos tudo sobre o outro.
Vamos fugir dos pratos sujos que estão na pia.

A maioria das pessoas já não quer morar junto.
Quando moram juntos, não querem dormir no mesmo quarto.
É estranho.
A solidão venceu.

Querida.

Estou em um bar.
Tem um casal na minha frente.
Não se olham mais.
Esqueceram de tudo.
Falavam olhando para as mesas vazias.
Sendo que a cadeira vazia estava na frente deles.
Espero que não exista mesas vazias com a gente.

Hoje eu estava andando pelo bairro e vi
  uma daquelas lojinhas que vendem de tudo.
Vi na prateleira uma porção de plantas bem cuidadas
  de um verde que salta aos olhos.
Quando cheguei perto, vi que tudo era feito
  do imortal plástico.
Que mundo é esse em que preferimos parecer a cuidar.
Boa parte dos amores de hoje são de plástico.
Objetos para serem exibidos.
Eu ainda prefiro o velho e bom ciclo:
  nascer, crescer e morrer.
E ser lembrança.

Me
deixe
caminhar ———

——————— pelas
suas
cicatrizes
.

Talvez você seja um pouco como eu.
Preso nas ruínas de tudo aquilo que desmoronou.
Achando que os escombros de um amor passado são um lar.
Mas no fundo sabemos.
Desabrigados.
Ficamos perambulando pelos cômodos de uma história
procurando um pouco de lar.
É difícil sair, eu sei.
Vemos o presente e o futuro por uma janela,
mas não estamos neles.
Ninguém sabe disso, temos um jeito bom de disfarçar tudo.
Olhe na ruína ao lado.
Sorria para o seu vizinho.
Vamos fazer um passado que tenha um teto?

P.S.: Plantas de verdade.

Hoje é mais fácil acordar em muitas camas
   do que aprender a sonhar junto.
Mas a gente sonha tão grande que sempre cabe mais um.
A gente sonha tão grande que dividir é parte do sonhar.
Somos estranhos nesse mundo de gente tão acordada,
   tão insone, tão sozinha dentro de uma multidão.
Por isso também somos sozinhos, mas sofremos
   de uma solidão diferente, uma solidão
   por espaços vazios nos nossos sonhos.
Somos pessoas que querem mostrar o quão linda
   é aquela paisagem ali olha o riso dessa flor,
   mas acabamos falando sozinhos.
Quando isso acontece.
Quando percebemos a nossa voz que fala sozinha.
Mais um silêncio brota na nossa alma.
Já se sentiu assim?

Nem sempre gosto das noites de sábado.
A casa fica meio esquisita, e a culpa é minha,
fico imaginando os momentos inexistentes
sentado aqui no sofá com a sua ausência.
Está um pouco frio, e da minha varandinha enxergo
os carros indo sabe-se lá para onde.
Nas redes sociais começam a pipocar as fotos das pessoas
nas suas festas com garrafas de cerveja esverdeadas.
Dançam como se o mundo fosse acabar toda noite
e no meu íntimo tenho muita admiração por elas,
mesmo se estiverem fingindo.
Mas acho que este momento passou, prefiro ir aos bares
nos dias mais vazios e aos sábados gosto de assistir
a uma maratona de filmes e imaginar se você tem
pés gelados. Eu iria amar reclamar disso.
Talvez dentro das janelas de muitos apartamentos
existam pessoas assim, olhando seus gatos, regando
suas samambaias e preparando a casa para o vazio.
Não é uma questão de amor-próprio, de se afirmar
como indivíduo ou qualquer outra coisa
extremamente positiva. É uma questão de manter
a roda da esperança girando.
Imaginar umas taças de vinho e assistir a um seriado
que não nos faça pensar muito na realidade metálica
do mundo.
Depois dormir juntos. E não estou falando sobre
as noites inflamadas dos amantes, mas sobre
adormecer junto, ver o dia acabar e outro nascer,
lutar um pouco pelo cobertor, levantar no meio
da madrugada para tomar água, coisas assim.

»

»

A saudade de viver isso me mata, todos os dias
em que acordo em uma cama vazia, vou ficando
mais vazio a cada manhã de domingo.
Venha logo.

Grande parte de mim te espera.
Outra parte que tem uma voz chata
  diz que você não passa de um sonho.
Aquele tipo de sonho que existe,
  mas não levanta da cama para virar realidade.
Quantas pessoas nessa mesma noite
  estão esperando seu último grande amor?
Quantas pessoas deixaram esse sonho morrer de fome?
Quantos estão chorando sozinhos em seus apartamentos,
  olhando para o teto com medo de recomeçar?
Eu ainda te espero, mas saiba que isso é
  um ato bonito de rebeldia nos tempos atuais,
    em que todos querem um mordomo e não um relacionamento.
Ainda te espero porque acredito na grandiosidade da vida
  e porque tenho pistas do seu sorriso.

Talvez essa carta não seja a mais feliz ou poética
Mas é verdadeira
Te esperar dói
Mas toda essa dor será esquecida quando te olhar
pela primeira vez.

A euforia passou.
E aquele cansaço ainda está nos seus ossos.
Talvez exista aquela sensação de não pertencer.
De estar fazendo coisas que não têm muito significado
para sua alma.
Existe em você uma vontade de arrancar os ponteiros
do tempo para que ele perca essa vaidade de avançar.
Talvez a solidão esteja cobrindo a sua Lua
e tudo ao seu redor vire um eclipse de escuridão.
E a vida em alguns momentos fica totalmente sem sentido.
As mesmas festas em vários lugares, as mesmas pessoas
em vários corpos e os seus sonhos em uma gaveta,
como uma blusa que espera a estação certa.
Respire.
Pessoas que nasceram para amar carregam essas sensações,
tenha calma.
Sua alma foi feita para as grandiosidades miúdas
que cabem nas mãos que passeiam abraçadas
pelos parques aos domingos.
Essa pequena dor vai passar em um piscar de olhos.
Quando você morar dentro dos meus olhos.
Eu te amo.
Mesmo sem nunca ter visto seus olhos.
E também me sinto assim.
Deslocado.
Honestamente seu.

P.S.: Você esquece lembranças antigas no bolso das calças
para encontrar depois?

_77

Eu ficarei horas e horas vendo você tamborilar os dedos
na superfície do tempo.
Ficarei atento e sem piscar observando o ar perfumado
que sai da sua boca antes dos sons.
Quando o mundo te ferir, eu te darei meu silêncio
e meu calor, pois mesmo sem entender sua dor,
eu saberei respeitá-la.
Ela irá doer aqui em segredo para estar contigo.
Sairei atrás da minha esperança perdida
e voltarei com ela nos meus braços.
Pararei de segurar o sorriso e não terei vergonha
dos meus dentes estranhos.
Amarei seu corpo com devoção e oferecerei
o toque da minha imperfeição e o som do seu prazer
será um sino sagrado na catedral dos amantes.
Tenho no peito um amor simples parecido
com pão com manteiga e café coado.
Sem recursos, sem protocolos, sem orgulho, mas diário.

P.S.: Você já chorou em uma avenida lotada, enquanto
passava apressada pelos rostos desconhecidos?

Já pensei ter encontrado o amor em muitas pessoas,
me joguei em histórias porque realmente acreditei que elas
poderiam dar certo. As pessoas foram e deixaram um punhado
de cicatrizes. Essas cicatrizes não foram provocadas
por elas e sim pelas minhas próprias expectativas.
Talvez eu não estivesse preparado, talvez o amor não seja
para mim, talvez me falte aptidão.
Amar me soa como um sonho que escolheu continuar sendo
sonho e nada mais.
Não falo desses sentimentos com ninguém e agora
estou falando para uma pessoa que ainda não existe.
Talvez você esteja em um sonho distante, enfim,
talvez esta seja só mais uma carta em uma garrafa
que irá vagar sem destino, até submergir no tempo.
A esperança é uma maneira poética de envelhecer.
As pessoas não sabem como me sinto, todos gostam de dizer
que são únicos, mas eles não sabem o quão difícil
é não se encaixar, é difícil tentar explicar
que eu não sou como outras pessoas, pensar diferente
é outra maneira de assumir que sou um solitário.
Eu me sinto estranho, mas sei quem eu sou.
E essa solidão que sinto sabe doer. Esse pressentimento
de que talvez meu destino seja mesmo ficar sozinho.
Esta não foi uma carta das mais felizes, mas talvez você
queira dividir um pouco da minha tristeza.

P.S.: Me desculpe pelo choro e pelos soluços.
São duas coisas que não aprendi a controlar.
Mas você não sabe como é esse sentimento. Meu Deus!
Estou escutando a mesma música há duas horas.

Não gosto muito dos fins de semana, essa euforia toda,
  porque sua ausência é sempre mais forte, gostaria
  de ser aquela pessoa que vai para a noite aos sábados,
  curtir a música, os corpos e as luzes, mas não consigo.
  Nasci com esse tipo de inadequação, por isso os sábados
  e domingos me machucam, tenho essa ânsia em dividir
  contigo esses dias, entre cafés, meias e maratona
  de filmes, mas você não está por aqui.
É um sentimento estranho, um luto antecipado,
  uma saudade do que não existiu, o sonho que persegue
  o acordado, os dias perfeitos e distantes, entende?
Acho que não.

A espera é uma prisão sem grades, que te permite
andar e andar e nunca sair do lugar, mas continuo aqui.

Coisas que preciso te contar antes do início.

Nº 4:

Sempre falo para todos o quanto me sinto velho
   aos trinta e seis anos só para me dizerem o contrário.
Espero que quando eu for um velho que fala para todos
   o quanto se sente jovem ninguém diga o contrário.

Por que todo mundo que está sozinho se julga injustiçado pelo amor?

Quem sou eu?

Aquele que espera.

Será que existe a possibilidade de alguém amar a espera?

Será que sou essa pessoa?

Somos muitos.

Gostaria de poder te fotografar,
  registrar seu rosto, seus olhos e um pouco
  de tudo aquilo que não sei sobre você.

Espero que você goste de ficar em frente à câmera,
  espero que goste dos meus olhos míopes,
  espero que entre os meus olhos e os seus
  exista um caminho sempre possível para a gente
  sempre estar próximo.

Gosto da ideia de sair contigo para fotografar,
  enquanto o tempo também faz fotografias nossas
  quando estamos distraídos com aquilo que os poetas
  chamaram de amor.

Talvez
eu
deva
terminar ————————

—————————— meu
relacionamento
com
a
espera
.

Nos últimos dias tenho pensado na espera, é estranho
porque existe um momento em que só existe a espera,
como se ela fosse um lugar muito físico, onde estamos
cercados de pessoas que não se falam e não se veem,
pois a espera é extremamente solitária. Talvez
esse meu ato de esperar seja mais parecido
com uma porta fechada, quando esperamos os sons
de alguém batendo e vamos correndo atender. Talvez
exista outra forma de esperar por um amor.

Coisas que preciso te contar antes do início.

Nº 5:

Quando encontro alguma resposta,
eu a abandono por amar o enigma.

Talvez esperar seja deixar a porta
destrancada para o inesperado.

Deixar o mundo entrar.

Meu amor.
Não.
Apenas amor.
Amor de todos.
Amor.

Meu amor, decidi parar de esperar.
Esperar enquanto caminho.
Esperar enquanto olho o mundo de dentro e de fora.
Esperar colocando meus pés em movimento.
Espero que um dia nos encontremos nessa caminhada.
Quero ver seu rosto quando no caminho
eu olhar para o lado.
Mesmo se você não vier.
Venha como o vento que levanta meu queixo.
Venha no canto dos pássaros e das pessoas
felizes que cantam sozinhas pelas ruas.
Venha com as folhas que caem e vestem dourado.
Venha com o barulho das crianças que correm
para fora do portão da escola às 16h30.
Venha.
Talvez você já esteja aqui.
Em mim.
Saiba que eu te amo.
Mesmo, pois hoje sei que você é uma espera
que me faz caminhar pela vida.

Se eu não vir seu rosto nesta vida,
lembre-se dos meus olhos.

ZACK MAGIEZI nasceu em São Paulo, passou boa parte da vida entre Belo Horizonte e Salvador, mas atualmente está de volta às raízes paulistanas. Estudou História, Teologia e Letras, e foi na escrita que encontrou seu verdadeiro espaço. Considerado um dos maiores fenômenos do movimento da poesia na Internet, Zack leva, através de suas redes sociais, sua obra literária para mais de 1 milhão de fiéis leitores. Com seu estilo pungente e verdadeiro, o poeta tem como marca a habilidade de transformar cotidiano em poesia, como se conseguisse sempre escolher as melhores palavras para dar corpo àquilo que todos sentimos. É autor dos livros *Estranherismo* e *Notas sobre ela*, todos publicados pela Bertrand Brasil.

Composto nas tipologias Compagnon,
Droulers e Century Schoolbook Monospace
e impresso em papel Offset 56g/m²
na Geográfica Editora.